EDMOND DUTEMPLE

LES

KADJARS

VIE DE

NASSER-ED-DIN CHAH

AVEC UNE EAU-FORTE DE RAOUL CORDIER

PORTRAIT AUTHENTIQUE DE NASSER-ED-DIN

PARIS

DENTU, LIBRAIRE-ÉDITEUR

Palais-Royal (Galerie d'Orléans)

1873

LES KADJARS

—

VIE DE NASSER-ED-DIN CHAH

EDMOND DUTEMPLE

LES

KADJARS

VIE DE

NASSER-ED-DIN CHAH

—

AVEC UNE EAU-FORTE DE RAOUL CORDIER
PORTRAIT AUTHENTIQUE DE NASSER-ED-DIN

PARIS

DENTU, LIBRAIRE-ÉDITEUR
PALAIS-ROYAL (GALERIE D'ORLÉANS)
1873

INTRODUCTION

—

On ignore en France l'histoire persane. Il n'existe
même point, croyons-nous, d'histoire générale de la
Perse. Le peu que nous savons de ce pays, nous le
tenons des relations plus ou moins exactes de voya-
geurs plus ou moins véridiques.

L'excursion entreprise par Nasser-ed-din Chah en
Europe a eu pour premier effet de reporter sur la
Perse notre attention, qui n'aurait jamais dû s'en
écarter.

Au point de vue de nos intérêts commerciaux & de
la grandeur de la patrie, il est utile & nécessaire que
nous possédions en Orient une influence qui ne soit
point annihilée par l'ambition russe & l'ambition britannique. La Perse, par sa situation géographique,
est destinée à devenir tôt ou tard le grand champ clos

où ces deux ambitions se donneront carrière. Prenons garde qu'elle n'en soit l'enjeu.

La France, grâce au rang qu'elle occupe en Europe & que les cruels événements qu'elle vient de traverser ne lui ont même point fait perdre, peut, par sa seule influence, non-seulement retarder, mais peut-être prévenir à jamais le choc de l'Angleterre & de la Russie en Orient.

La nation française a un intérêt direct à ce que la Perse reste indépendante.

Elle doit donc s'inquiéter de l'avenir de ce pays.

Comme, d'ordinaire, l'attention que l'on porte aux choses & aux personnes est en raison de la connaissance que l'on a d'eux, nous avons pensé que retracer brièvement l'histoire de la Perse depuis 1748, c'est-à-dire depuis le jour où la dynastie qui règne actuellement à Tehrân a commencé à conquérir autorité et prestige, ce serait initier nos chers concitoyens à l'histoire d'un pays à la civilisation & aux progrès duquel ils se doivent intéresser.

Nous avons entrepris de faire ce qui n'existe point encore; c'est-à-dire une histoire aussi complète et vraie que possible de la dynastie des Kadjars.

Nous nous sommes entouré de tous les documents

relatifs à ce grand sujet, et nous sommes forcé d'avouer qu'ils sont peu nombreux (1).

Quel que soit le soin scrupuleux que nous ayons apporté à cette histoire, nous n'oserions point néanmoins affirmer qu'elle ne renferme aucune erreur. Les historiens français commettent bien des erreurs sur l'histoire de France; ce n'est point, nous le savons, une raison pour que nous commettions des erreurs sur l'histoire persane, mais c'est tout au moins une excuse.

Quoi qu'il en soit, nous nous estimerons heureux si cette rapide biographie des princes Kadjars peut faire tourner vers la Perse les préoccupations des

(1) Nous avons consulté notamment : *La Russie dans l'Asie-Mineure*, par M. Fonton; le *Journal asiatique* (1828-1829); la *Géographie politique des temps modernes*, par M. H. Wallon; *La Perse*, par M. Narcisse Perrin; *The history of Nadir shah*, par M. J. Fraser; *History of the Aghrans translated from the persian of Neamet Ullah*; les ouvrages de sir John Malcolm, de Hanway, et du docteur Polack, sur l'Empire persan; le résumé de l'*Histoire de Perse*, de M. Louis Dubreux, publiée dans la collection Firmin Didot; les articles publiés dans le *Temps* les 1er mai, 24 et 25 juin, et dans la *Liberté* le 16 juin; la *Biographie générale* de Michaud, la collection du *Moniteur universel* depuis 1833. Pour l'orthographe des noms de villes et de contrées, nous avons suivi les indications données par M. C. Barbier de Meynard dans sa traduction du *Médjem-el-Bouldan*, de Yaqout.

Nous sommes heureux de pouvoir témoigner ici tous nos remerciements à Son Excellence Nazare-Agha, ambassadeur de Perse à Paris, et à M. Nicolas, ancien premier drogman de la légation de Perse à Tehrân, pour la gracieuseté qu'ils ont mise à nous fournir les quelques indications qui nous manquaient.

esprits français, et nous faire envisager les véritables intérêts de notre politique orientale.

C'est là le seul but que nous nous sommes proposé. S'il est atteint, notre patriotisme sera satisfait.

Edmond Dutemple.

Paris, 4 juillet 1873.

LES KADJARS

CHAPITRE PREMIER.

ESQUISSE DE L'HISTOIRE DES PERSES JUSQU'A L'AVÉNEMENT
DE LA DYNASTIE DES KADJARS.

Le berceau des Perses fut la petite vallée de Schiraz, située au nord-est du golfe Persique.

C'est dans cette vallée, qui primitivement porta le nom de *Perside* et qui aujourd'hui s'appelle le *Farsistân*, que les Perses autochtones surent, alors que l'Asie était bouleversée par les luttes des empires d'Assyrie et de Médie, maintenir fermement leur indépendance.

Les premières périodes de l'histoire des Perses appartiennent aux temps fabuleux. Ils se vantent de deux mille années d'existence avant l'avénement de la dynastie des Achéménides. Mais leur tradition historique ne commence réellement qu'à Cyrus, fils de Cambyses, c'est-à-dire vers la fin du sixième siècle avant notre ère. Ce qui, sans contredit, est déjà d'une antiquité fort respectable.

Cyrus, par conquêtes et par héritage, ne tarda pas à réunir sous sa domination les empires de Babylone, de Médie, d'Assyrie et presque toute l'Asie mineure.

Ses successeurs, non moins conquérants et non moins heureux, achevèrent de conquérir l'Asie mineure et réunirent à l'empire perse les contrées du Nil.

Xerxès, qui eut la fantaisie de faire fouetter la mer, porta ses armes jusqu'en Grèce. Mais battu aux Thermopyles, à Salamine, à Platée et à Mycale, il se vit réduit à fuir dans ses États.

Rien ne reste impuni ici-bas. Ces *guerres médiques*, où les Perses avaient voulu porter atteinte à l'indépendance d'un peuple libre, portaient en elles-mêmes leur châtiment. Au contact de la civilisation raffinée des Grecs, les Perses ne tardèrent pas à perdre les qualités de sobriété, d'énergie, de persévérance qui jusqu'alors leur avait assuré la conquête de l'Asie occidentale. Etonnés, ils regardèrent d'abord, puis ils voulurent imiter, et ils imitèrent. Mais comme un enfant peut imiter un homme, ils allèrent de suite à l'excès. Le relâchement des mœurs s'en suivit et l'intempérance du luxe acheva de les amollir.

Ils étaient mûrs pour la servitude quand Alexandre parut. Darius, vaincu en Cilicie, l'empire Perse tomba au pouvoir du fils de Philippe.

Alexandre mort, ses lieutenants se partagèrent ses immenses conquêtes et la Perse devint la proie des Séleucides.

Ce fut seulement cinq siècles plus tard, en 226

après Jésus-Christ, que le deuxième empire persan fut fondé par les Sassanides.

Ceux-ci furent renversés à leur tour par les Arabes en 652, et le Khalifat exista jusqu'en 1258.

Les Turkomans vinrent ensuite et la Perse fut gouvernée tour à tour par la dynastie du *Mouton Noir* et par celle du *Mouton Blanc.*

Les dissensions qui éclatèrent à la mort d'Ouzoum-Hassan, chef de cette dernière tribu, préparèrent sa ruine et frayèrent le chemin au trône à une nouvelle dynastie, celle des *Sophis,* qui régna de 1499 à 1736.

A cette époque et jusqu'en 1750 environ, la Perse fut gouvernée par des princes appartenant à diverses familles, quand apparut Mohammed-Haçan, le fondateur de la dynastie des Kadjars.

CHAPITRE II.

MOHAMMED-HAÇAN-KHAN.

Origine des Kadjars. — Les Kadjars dans le Mazenderân. — Mohammed-Haçân nommé par Nadir-Chah gouverneur d'Asterâbâd. — A la mort de Nadir, il se déclare indépendant et est l'un
des trois principaux compétiteurs à la couronne de Perse. — Il
gouverne la Perse sous le nom de Ismaël-Chah. — Sa lutte
contre Kerym-Khân, sa défaite et sa mort à Asterâbâd.

I

Sous le règne de Chah-Abbas Ier (1580 à 1628),
le troisième prince de la dynastie des sophis & l'un
des souverains qui fit le plus de bien à son pays, la
Perse fut presque constamment en guerre avec l'empire ottoman. Grâce à la tactique européenne que
deux anglais, sir Anthony & sir Robert Sherley in-
troduisirent dans l'armée persane, celle-ci battit les
Turcs et les chassa de toutes leurs possessions sur le
littoral de la mer Caspienne.

On vit alors un grand nombre de familles turque
se ranger du côté de Chah-Abbas & accepter la loi
du vainqueur.

Ces familles prirent elles-mêmes le nom de Kadjars,
c'est-à-dire fugitifs.

Chah-Abbas, non moins politique que guerrier, leur donna du service dans ses armées. Mais, craignant qu'ils n'excitassent des troubles après sa mort, il les dispersa dans les nombreuses provinces de son empire.

Il en envoya la plus grande partie dans la province du Mazenderân, sur le littoral sud de la mer Caspienne. Son intention était de les opposer aux Ouzbecks, tribu voleuse et guerrière, qu'il avait déjà battue & à moitié détruite, mais qui ne laissait cependant de lui donner de sérieuses inquiétudes.

Tandis que les Kadjars envoyés dans les autres provinces se fondirent avec le reste de la population, ceux qui vinrent habiter le Mazenderân furent assez nombreux pour y former eux-mêmes une tribu.

Sans cesse en guerre avec les Ouzbecks, les Kadjars du Mazenderân surent acquérir dans ces luttes continuelles une énergie, une virilité & une telle habitude de la discipline, qu'ils ne tardèrent pas à devenir la tribu la plus puissante de l'empire persan, et qu'il fut facile de voir qu'ils sauraient bien se frayer un jour le chemin jusqu'au trône.

II

Les successeurs de Chah-Abbas n'eurent point la main assez ferme pour gouverner les vastes provinces que leur laissa ce prince. Le dernier des sophis vit les Afghans mettre le siége devant Ispahân. Réduit à capituler, il abandonna sa couronne à Mahmoud, son vainqueur, qui le fit mettre à mort et fonda la dynastie des Afghans (1722).

Mais il en advint de cette dynastie comme de la précédente. Les successeurs ne se montrèrent point à la hauteur du fondateur. Ils succombèrent devant Nadir-Chah, l'un des princes les plus énergiques qui ait régné sur la Perse, et le premier de la dynastie des Afghans.

III

C'est sous le règne de ce prince qu'apparaît Mohammed-Haçân-Khan que l'on peut à bon droit regarder comme le fondateur de la dynastie des Kadjars.

Il était fils de Feth-Ali-Khan, gouverneur du Mazenderân. Feth-Ali s'étant refusé à reconnaître Nadir-Chah, celui-ci l'y contraignit par la voie des armes & lui ôta le gouvernement de sa province.

Ce qui ne l'empêcha pas quelques années plus tard de nommer Mohammed-Haçân gouverneur de Asterâbâd. L'histoire persane est pleine de ces contradictions. Il est vrai que Mohammed se montra par la suite digne de ces faveurs, et qu'il resta fidèle à Nadir-Chah. Il le seconda même brillamment au siége de Mossoul, en 1743.

Ce fut seulement à la mort de Nadir-Chah, assassiné par ses généraux en 1747, que Mohammed laissa percer ses desseins ambitieux. Il refusa obéissance à Adil-Chah, neveu & successeur de Nadir, et se déclara indépendant.

Il tourna ses premières vues sur le Mazenderân, berceau de sa tribu. Il s'empara de cette province, vainquit le gouverneur & le fit brûler vif.

IV

L'histoire de Mohammed-Haçân est des plus curieuses. C'est une longue série de luttes continuelles. Il n'y a pas de caprice que l'inconstante fortune ne lui ait fait subir. Tour à tour vainqueur & vaincu, il tombe, se relève, pour retomber encore; mais toujours son énergie est indomptable & sa persévérance ne connaît point de bornes. Il présente le type le plus accompli de cette forte race kadjare qu'il fit asseoir à Ispahân, sur le trône des rois.

A peine maître du Mazenderân, il est attaqué par Ahmed-Chah-Abdally, roi de Candahar, qui, visant également au trône de Perse, venait de soumettre le Khoraçan. Mohammed le rencontre dans les défilés à l'orient d'Asterâbâd et remporte sur lui une éclatante victoire qui ajoute à son prestige et consolide sa puissance.

Le chaos qui régnait alors dans l'empire depuis la mort de Nadir-Chah commence à se débrouiller. Trois compétiteurs sérieux restent en présence et Mohammed n'aura plus à compter qu'avec Kerym-Khan, qui gouverne, sous le nom du jeune Ismaël-Chah, la Perse méridionale, et avec Asad-Khan, maître de Tauris & de toute la partie nord-ouest jusqu'à la Géorgie.

Les deux rivaux de Mohammed semblèrent prendre plaisir à lui faciliter la tâche. Kerym, battu une première fois par Mohammed sur les confins du Mazenderân, se retourne contre Asad, en triomphe facilement & s'empare d'Ispahân.

Mohammed n'a donc plus en face de lui qu'un compétiteur. Il marche à son tour sur Ispahân, l'enlève de vive force, et, pendant que Kerym prend la fuite, s'empare d'Ismaël-Chah, ce fantôme de roi.

Trop habile pour se susciter de nouveaux rivaux en prenant pour lui-même la couronne, il se déclare modestement le généralissime d'Ismaël, et, en réalité, devient le maire du palais d'un roi fainéant.

Kerym s'était enfui à Shiraz. Mohammed le poursuit, mais la fortune change. Il est battu et contraint de revenir à Ispahân.

Asad alors reprend courage. Il marche contre Mohammed. Mais celui-ci voit la victoire revenir à ses côtés. Il dissipe les troupes de son rival et les incorpore dans son armée. Le dernier des Afghans, poursuivi, quitte précipitamment la Perse et ne s'arrête qu'à Badgad.

V

Mohammed-Haçân est à l'apogée de sa puissance. Il sera roi quand il voudra & comme il voudra. Mais à ce moment la fortune le trahit de nouveau & cette fois sans retour.

Fier de ses succès, confiant dans ses forces, il veut

prendre sa revanche sur Kerym, et pense en avoir
facilement raison. A la tête de son armée, une des
plus fortes qui ait jamais sillonné les routes de l'empire, il marche sur Schiraz. Mais cette armée, compo-
sée d'éléments hétérogènes, lui glisse entre les mains.
Les Persans & les Afghans désertent & passent à
son ennemi. Seuls les Kadjars & les Turcomans lui
demeurent fidèles; mais, trop faible désormais, il retourne en toute hâte à Ispahân. Là même il n'est plus
en sûreté & il s'enfuit dans sa fidèle ville d'Asterâbâd.
Le lendemain, Ispahân tombait au pouvoir de Kerym.

Celui-ci veut profiter de sa victoire. Il marche
contre Mohammed qui, indomptable, s'est fortifié dans
les montagnes & a fermé tous les défilés qui entourent
Asterâbâd.

La trahison sert une seconde fois Kerym. Les
troupes de Mohammed sont tournées & détruites. Le
Kadjar se bat en désespéré. Mais son cheval blessé
s'abat sous lui & le livre à ses ennemis. Fait prisonnier, Mohammed-Haçân est conduit devant Kerym,
qui lui fait trancher la tête (1758).

CHAPITRE III.

Agha-Mohammed fait eunuque par Adil-Chah et retenu prisonnier par Kerym-Khan à Schiraz. — Il se déclare indépendant
dans le Mazenderân. — Sa lutte contre Djafar-Khan et Louft-
Ali-Khan. — Anarchie de la Perse à l'avénement d'Agha-Mohammed. — Politique habile de ce prince, qui devient maître
incontesté de toutes les parties de l'empire. — Première guerre
avec la Russie. — Mort d'Agha-Mohammed. — Son portrait.

I

Mohammed-Haçan laissa huit fils. Mais l'histoire
n'en réservait qu'un seul aux plus hautes destinées. Ce
fut Agha-Mohammed.

Nous avons vu qu'à la mort de Nadir-Chah, Mohammed-Haçân refusa de reconnaître son successeur,
Adil-Chah. Celui-ci, pour punir le khan rebelle, se fit
livrer deux de ses fils. Il donna l'ordre de faire un
eunuque de l'aîné, Agha-Mohammed, alors âgé de
cinq ou six ans.

Les cruautés inutiles profitent rarement à leurs au-
teurs, et souvent se retournent contre eux, ce qui eut
lieu pour Adil-Chah, qui, sans doute, en agissant
ainsi, pensait porter un coup terrible aux chefs kadjars,

tuer dans son germe leur ambition et assurer à ses successeurs la paisible possession de la tiare.

Il n'en fut rien, et cette cruauté fut sans doute la source de l'élévation de la tribu kadjare.

Dans sa longue vie (1737-1797), en effet, Agha-Mohammed n'eut qu'une seule passion : l'ambition, mais il la cultiva à un haut degré, comme nous allons le voir.

A la mort d'Adil-Chah, Agha-Mohammed recouvra sa liberté et retourna auprès de son père, qu'il accompagna dans toutes ses expéditions. A cette rude école, il se forma vite à la guerre.

Fait prisonnier par Kerym, alors qu'il combattait aux côtés de son père, il fut envoyé à Schiraz. La captivité le rendit habile dans l'art de dissimuler.

Il réunissait donc toutes les qualités pour régner, et son père lui avait montré comment se peut conquérir un trône.

<h2 style="text-align:center">II</h2>

A la mort de Kerym-Khan, en 1779, Agha-Mohammed s'enfuit de Schiraz et revint à Asterâbâd, sur les confins du Mazenderân, au milieu de ses fidèles kadjars. Il commença par enlever cette ville à son frère Mouteza-Kouli-Khan, puis il s'empara du Mazenderân et du Guilân.

Il se déclare indépendant et, profitant habilement de l'anarchie qui règne en Perse à la mort d'Aly-Mourad-Khan, il étend ses conquêtes & s'empare successivement d'Hamadân, de Tauris & d'Ispahân.

Pendant quatre années, il soutient une longue guerre (1785-1789) contre Djafar-Khan, frère d'Aly-Mourad, qui s'était maintenu à Schiraz & dans tout le midi de la Perse. Mais la mort le délivra de ce rival & il n'eut plus à compter qu'avec Louft-Aly-Khan, fils de Djafar, et l'un des guerriers les plus braves de son temps. Il en eut raison, non par les armes, mais par la trahison, et, après avoir fait mettre à mort ce dangereux rival, il devint le maître incontesté de la Perse méridionale.

III

Les révolutions si diverses qui depuis trois siècles ensanglantaient la Perse avaient jeté ce pays dans une complète anarchie. On avait vu des soldats heureux qui, partis de rien, s'étaient élevés au rang suprême, et tout chef qui se trouvait à la tête de quelques hommes déterminés ne désespérait point d'arriver à ceindre la tiare. Il n'était chef de petite tribu qui ne se déclarât indépendant.

L'exemple de l'insubordination & de la révolte, venu de haut, se répandait jusque dans les rangs des soldats, et le désordre & le pillage étaient les seules règles que connaissaient ceux-ci. Opprimés par les uns, pressurés par les autres, les malheureux habitants souffraient de tous les maux de la guerre. Ils changeaient de maîtres, mais leur servitude restait la même. Le titre de roi, tombé depuis longtemps entre les mains de princes efféminés & dissolus, n'inspirait plus aux khans révoltés la crainte salutaire qui auparavant protégeait la population contre les exactions de ces tyrans au petit pied.

Ce fut dans cet état qu'Agha-Mohammed trouva la Perse, lorsque son habileté & sa valeur l'en eurent rendu le seul maître.

Sa vie fut une longue lutte contre les divers khans rebelles qui se refusaient à reconnaître son autorité.

La Perse a lieu de s'honorer de cet homme, car il fut pour elle en quelque sorte ce que Louis XI fut pour notre patrie. On le vit, en effet, abattre l'orgueil & la puissance des petits despotes provinciaux; et, eu égard à l'intérêt général, la tyrannie cessant de s'exercer dans un cercle restreint, devint pour les divers peuples de la Perse moins lourde à supporter.

IV

Agha-Mohammed commença par réduire la tribu des Afsckhars, dont le chef, Aly-Khan, prétendait au trône. Et il l'enrôla sous sa domination, non point par la force, mais par la ruse. C'est ainsi, d'ailleurs, qu'on le vit agir presque constamment : il n'usait de violence qu'à la dernière extrémité & lorsque son intérêt le lui commandait absolument. Ce qui est un point de ressemblance de plus avec notre Louis XI.

Contre les Turcomans, qui, dévoués jadis aux Kadjars, venaient de se rendre coupables d'horribles cruautés envers les habitants d'Asterâbâd, et avaient

même fait subir la torture à un parent d'Agha-Mohammed, on vit celui-ci mettre de côté la ruse et em-
ployer la violence, mais d'une façon terrible. Les
tribus turcomanes furent vaincues, décimées & détruites. Elles gardèrent de ces représailles un ineffa-
çable souvenir & se montrèrent par la suite repen-
tantes et sages.

Agha-Mohammed, en effet, savait pratiquer le pré-
cepte de Machiavel. C'était un habile politique qui
n'ignorait point qu'il vaut mieux faire tout le mal possible en une seule fois, quitte ensuite à se montrer
aussi généreux & clément que l'intérêt le commande.

Il y parut bien en 1795, quand il força Héraclius,
prince de Géorgie, à reconnaître sa domination. Ce
prince s'était, en 1783, rendu vassal de la Russie et
avait transporté aux successeurs de Pierre-le-Grand
l'hommage que rendaient jadis ses aïeux aux souverains de la Perse. Agha-Mohammed, à la tête de
60,000 hommes, envahit la Géorgie. Le secret de
l'expédition fut si bien gardé, que jusqu'au moment
du départ des troupes, on ignora leur destination.
Héraclius surpris fut vaincu malgré la plus bril-
lante résistance. Agha-Mohammed entra dans Tiflis,
et l'historien persan qui raconte cette guerre, dit
« que dans cette journée les vaillants guerriers de
l'Iran donnèrent aux mécréants Géorgiens un échan-
tillon de ce qu'ils doivent attendre au jour du juge-
ment dernier. » Pour tout dire, ce fut un épouvan-
table carnage. Mais cela ne dura qu'un jour, et, par
la suite, Agha-Mohammed se montra aussi bienveil-

lant & juste envers les Géorgiens qu'il s'était montré cruel & barbare à cette date néfaste.

Après Héraclius, ce fut le tour de Chah-Rockh, Khan du Khoraçân. Ce petit fils de Nadir-Chah régnait depuis un demi-siècle, quoique aveugle et infirme, sur le Khoraçan. Il avait su se maintenir, grâce à l'appui des rois de Candahar & à la vaillance de son fils Nassr-Allah qui, en l'espace de deux années, avait sauvé deux fois Mechhed du pillage que se préparaient à y porter les Ouzbecks.

Agha-Mohammed se montra pris d'un beau zèle religieux. Il déclara se rendre à Mechhed pour faire simplement ses dévotions au tombeau de l'iman Reza. Chah-Rockh, connaissant l'ambition de l'ennuque, craignit quelque piége. Il cacha ses trésors & chercha à désarmer son ennemi par l'apparence de la soumission & de la bonne foi. Il engagea ses fils à se retirer dans le Candahar & s'en fut lui-même au-devant d'Agha-Mohammed. Celui-ci le traita tout d'abord avec beaucoup d'honneur. Mais ses prétendues dévotions une fois accomplies, il fit mettre Chah-Rockh à la torture & le contraignit à lui livrer ses immenses richesses. Le vieux prince mourut des suites du supplice & Agha-Mohammed gagna du même coup la souveraineté du Khoraçân & les trésors de Chah-Rockh.

<h2 style="text-align:center">V</h2>

Il venait à peine de conquérir ces provinces de

l'est qu'une invasion russe le rappela brusquement à l'ouest.

La Russie, en effet, fidèle à la politique testamentaire de Pierre-le-Grand, cherchait déjà à conquérir les provinces nord de la Perse & à faire de la mer Caspienne un immense lac russe. Le comte Valérien Zouboff venait de passer le Terek. Il s'était rendu maître de Derbend, de Bakou, de Chamarky & se préparait à envahir la Géorgie, mais la fortune se montra fidèle une fois de plus au fils de Mohammed-Haçan. La mort de Catherine II & l'avénement de Paul Ier désorganisèrent cette expédition qui s'annonçait pour la Russie sous de si brillants auspices, et les troupes du général Zouboff reçurent l'ordre de repasser le Térek.

Agha-Mohammed crut utile de profiter des troubles intérieurs de l'empire russe, & au mois de mars 1797, il traversa l'Araxe. Il commençait déjà à déloger les Russes des places qu'ils avaient conservées et, élevant son ambition à la hauteur de ses succès, il dévoilait son dessein de tourner ses armes contre la porte Ottomane, quand le fer d'un assassin vint briser ces projets & changer la face des relations extérieures de la Perse.

VI

Sir John Malcolm, qui fut plus tard ambassadeur de la Compagnie des Indes en Perse, nous a laissé un portrait d'Agha-Mohammed.

Il était, dit-il, mince de corps & à quelque distance
on l'eut pris pour un jeune homme. Ses traits étaient
maigres, anguleux, sillonnés de profondes rides. Ses
yeux brillaient d'un éclat extraordinaire. Il n'avait
point de barbe, ce qui ajoutait encore à l'étrangeté de
sa physionomie.

Au moral, on peut dire d'Agha-Mohammed qu'il
fut un homme habile, peu scrupuleux sur le choix des
moyens, mais marchant à son but avec une énergie
et une persévérance dont l'histoire ne présente que de
rares exemples.

Ce prince, dont l'ambition fut sans égale, était en
toutes choses d'une simplicité remarquable. Autrefois,
il était d'usage lorsqu'un souverain revenait dans sa
capitale, victorieux d'une expédition lointaine, que les
habitants lui ménageassent une entrée triomphale.
Agha-Mohammed se refusa toujours à cette pompe.
On avait coutume aussi de répandre parmi la population des nouvelles exaltant les victoires du prince,
alors même qu'il n'y aurait eu que des défaites. Agha-
Mohammed, dédaignant ces misérables subterfuges,
ordonna que la vérité seule eût cours. Avant lui la
langue officielle dont le gouvernement usait avec ses
officiers était ornée de toutes les images que le génie
oriental est susceptible d'inventer. Agha-Mohammed
exigea que désormais le style ne fît que représenter la
pensée, et rien de plus. Il méprisait le luxe. On le vit
plus d'une fois, à la guerre ou à la chasse, partager
les plus modestes repas de ses soldats.

Ceux-ci l'aimaient & le craignaient. Chef de soldats

avant que d'être roi, et n'étant devenu ceci que parce
qu'il avait été cela, il traitait ses troupes avec infini-
ment plus d'égards que tous ses autres sujets. Mais il
leur demandait un dévouement sans bornes et une
obéissance aveugle.

Agha-Mohammed avait soixante-trois ans, lorsqu'il
fut assassiné à Choutchi, le 14 mai 1797.

CHAPITRE IV.

I

Le successeur de l'eunuque Agha-Mohammed fut
son neveu Baba-Khan, petit-fils de Mohammed-
Haçan, et âgé alors de trente-cinq ans.

A peine maître de la Perse méridionale, Agha-
Mohammed avait, pour que la tiare ne sortît point de
la tribu kadjare, fait reconnaître comme héritier présomptif son neveu Baba-Khan. Il l'avait associé aux
divers actes de sa politique. Il avait même été, craignant les troubles qui pourraient éclater à sa mort,
jusqu'à faire assassiner son propre frère Djafar-

Kouli-Khan. Un historien persan a conservé les curieuses paroles qu'il adressa, à la suite de ce meurtre,
à Baba-Khan : « C'est pour vous, aurait-il dit, que
j'ai fait périr Djafar-Khan. L'âme qui animait ce
corps n'aurait jamais souffert que l'on plaçât la tiare
sur votre tête. La guerre civile eût désolé la Perse.
Pour prévenir cette calamité, j'ai pris sur moi de
commettre un crime horrible devant Dieu & devant
les hommes. »

Ce crime n'empêcha point qu'à la mort d'Agha-
Mohammed, son neveu ne se vît disputer le trône par
quatre compétiteurs : d'abord par Sadek-Khan, chef
des Chakakis, et l'un des instigateurs du meurtre
d'Agha-Mohammed; puis par son frère Houcein-
Kouly-Khan; enfin par Aly-Kouly-Khan, le dernier
frère d'Agha-Mohammed, et par le fils de Zeki-
Khan.

Les premières années du règne de Baba-Khan se
passèrent à combattre ces rivaux. Il en eut facilement
raison. Sadek-Khan se rendit à discrétion & rapporta
les trésors d'Agha-Mohammed, qu'il avait volés.
Baba-Khan le reçut avec bonté, lui pardonna sa révolte, et même le combla de bienfaits. Mais, deux
années plus tard, Sadek se montra ingrat, et Baba-
Khan le fit murer dans une chambre où il ne tarda
pas à mourir de faim. Quant à son frère Houcein-
Kouly-Khan, il lui pardonna deux fois sa révolte ;
mais celui-ci s'étant révolté une troisième fois & ayant
été vaincu de nouveau, Baba-Khan, pour le châtier et
le réduire à l'impuissance, lui fit crever les yeux.

Après quoi, ajoute l'historien persan, il lui rendit son amitié & le combla d'honneurs & de présents jusqu'à sa mort.

Agha-Mohammed, pour rester plus près de sa fidèle province du Mazenderân, avait transporté le siége du gouvernement d'Ispahân à Tehrân. Il avait fortifié cette ville, qui, depuis, est devenue la résidence favorite des princes kadjars. Comme garantie de la fidélité des divers Khans, il les avait contraints à envoyer à Tehrân les principaux membres de leur famille. Baba-Khan n'eut lieu que de se féliciter de ces mesures préventives, qui, sans aucun doute, empêchèrent la révolte de plusieurs chefs & diminuèrent d'autant le nombre des compétiteurs à la succession d'Agha-Mohammed.

Vainqueur de tous ses rivaux & maître de l'Aderbidjân, du Guilân, de l'Irak-Adjémi, du Farsistân, du Laristân, du Kurdistân, du Kermân & d'une grande partie du Khoraçân, Baba-Khan prit le nom de Feth-Ali & y ajouta le titre suprême de chah. Il fut donc le premier prince kadjar qui se para de ce titre, qu'aucun souverain, pas même le puissant Agha-Mohammed, n'avait osé prendre depuis l'extinction de la famille de Nadir-Chah.

II

Avec le règne de Feth-Ali-Chah, l'histoire persane entre dans une nouvelle phase. On cesse de voir ces guerres civiles, ces usurpations, ces rivalités qui remplissent l’histoire des deux premiers princes Kadjars. Les relations de la Perse avec les puissances européennes commencent, & cet empire reprend dans l’histoire générale une certaine importance politique.

La situation géographique de la Perse, véritable barrière placée entre l’ambition russe & l’ambition britannique en Orient, explique suffisamment le rôle qu’elle est appelée à remplir, les intrigues qui vont se nouer à la cour de Tehrân, la comédie politique que les puissances de l’Europe vont y jouer et les guerres qui naîtront de là.

Ce fut en raison de la guerre que la compagnie des Indes soutint contre Tippo-Saïb, en 1799, que le gouvernement anglais se mit en rapport officiel avec le cabinet de Tehrân. Tippo-Saïb ayant envoyé un ambassadeur à Feth-Ali-Chah pour lui demander son appui, tout au moins sa neutralité ; la Compagnie des Indes crut ne point devoir tarder davantage, et se mit en rapport suivi avec la Perse, en envoyant à Tehrân, en qualité d’ambassadeur, Mehdy-Ali-Khan, d’origine persane. La mort de Tippo-Saïb, arrivée peu après (1799), rendit inutile cette ambassade. Mais le premier pas était fait & l’Angleterre resta en relations constantes avec Feth-Ali-Chah. Deux années plus tard un traité même fut conclu par les soins du colonel sir John Malcolm. La Perse devait attaquer le Khoraçân et l’Afghanistân ; l’Angleterre devait fournir les subsides. Ce traité fut exécuté & Feth-Ali-Chah s’empara de Mechhed. C’est à la suite de cette expédition que Mohammed-Naby-Khan fut envoyé, par le cabinet de Tehrân, comme ambassadeur à Calcutta auprès de la puissante Compagnie des Indes.

Au nord, les Russes, reprenant la politique de Catherine II, avaient reconquis la Géorgie, s'étaient emparé de Tiflis & de l'Aderbidjân jusqu'à Tauris. Feth-Ali-Chah marcha contre eux avec son fils Abbas-Myrza. Mais à ce moment même, un rapprochement s'opérait entre les cabinets de Londres et de Saint-Pétersbourg, et un traité d'alliance contre l'empire français s'élaborait.

III

Feth-Ali-Chah, voyant sa situation politique brusquement modifiée par ce rapprochement & ne se sentant point de force à lutter seul contre la Russie, prit le parti de s'adresser au grand Chah de l'occident. Il écrivit une lettre autographe à l'empereur Napoléon, pour lui demander amitié et assistance.

Cette lettre parvint aux Tuileries au moment où se faisaient les préparatifs de guerre contre la Russie. Elle étonna tout d'abord. On alla même jusqu'à douter de son authenticité. Cependant, Napoléon, qui jetait déjà les yeux sur les possessions anglaises de l'Inde, comprenant toute l'importance d'une alliance avec la Perse, envoya MM. Romieu & Jaubert avec mission de constater l'état de cet empire, ses ressources & le parti que l'on en pourrait tirer.

Les renseignements envoyés par M. Jaubert, le seul de ces deux diplomates qui parvint en Perse, étant conformes aux secrets desseins de Napoléon, le général Gardanne partit immédiatement avec le titre d'ambassadeur. Ses instructions portaient : offre de secours à la Perse contre la Russie et éducation des troupes persanes sur le pied français. Mais, après la paix de Tilsitt, en 1807, ce fut seulement la médiation de Napoléon auprès de son nouvel allié Alexandre que Gardanne promit à Feth-Ali-Chah, ce qui jeta un certain froid dans les relations diplomatiques entre les cours de Paris et de Tehrân.

L'influence anglaise acheva de perdre, dans l'esprit de Feth-Ali-Chah, notre ambassadeur qui, d'ailleurs, ne sut point se mettre à la hauteur de sa mission. La Compagnie des Indes envoya à Tehrân de nouveau sir John Malcolm, et le cabinet de Londres envoya de son côté sir Harford Jones Brydges. Ces deux ambassadeurs répandirent l'or à pleines mains & ne tardèrent pas à être tout-puissants dans l'entourage de Feth-Ali-Chah. La France cessa d'avoir toute influence à Tehrân et le général Gardanne quitta la Perse. Il revint à Paris emmenant avec lui le premier ambassadeur que la Perse envoya en France, Asker-Khan. Un Français, M. Jouannin, resta à la légation de Thérân pour expédier les affaires courantes.

IV

Sir Gore Ouseley, qui vint remplacer, en 1811, sir Harford-Jones Brydges, fit ce que la négligence de notre ambassadeur n'avait point fait. Il servit de médiateur entre la Russie & la Perse & prépara la signature du traité de Gulistan, en octobre 1813.

Ce traité, qui semblait devoir promettre de longues années de paix, portait en lui-même le germe d'une guerre laborieuse qui eut pour résultat d'asseoir définitivement en Perse l'influence moscovite.

Les commissaires chargés de délimiter, aux termes du traité de Gulistan, les nouvelles frontières ne réussirent point à s'entendre. Chacun prétendait à la possession du teritoire circonvoisin du lac Goktcha. Les pourparlers durèrent longtemps et causèrent une certaine fermentation dans les esprits des tribus du nord, fermentation que le haut clergé exploita habilement, faisant presque de cette affaire une question religieuse.

Les représentations du général Menzikoff, envoyé extraordinaire de la cour de Russie, ne furent point écoutées & la guerre éclata au printemps de 1826. Elle dura deux années. Battus à Schamkhaï, le 2 septembre 1826, par le général Menzikoff; à Elisabethpol, le 25 du même mois, par le général Paskewitch, et devant Abbas-Abad, au mois de juillet de l'année suivante, les Persans se virent réduits à demander la paix.

Elle fut signée à Tourcmanshaï, le 2 février 1828, par le général Paskewitch et le conseiller d'État Oberskoff, agissant au nom de la Russie, et par le prince Abbas-Mirza, fils aîné de Feth-Ali-Chah, au nom de la cour de Tehrân.

Les principales dispositions de ce traité sont : qu'il y aura paix et amitié perpétuelles entre la Russie & la Perse; — que le traité de Gulistan est & demeure abrogé, et que le présent seul lui sera substitué; — que la Perse cède à la Russie le Khanat d'Érivan et le Khanat de Nakhistchévân; — que la Perse paiera à la Russie une indemnité de 80,000,000 de roubles; — que les Russes navigueront librement sur toute la mer Caspienne, et qu'eux seuls auront le droit d'y entretenir des bâtiments armés; — enfin, que le fils aîné du chah est reconnu par la Russie comme héritier présomptif de la couronne de Perse.

L'importance de ce traité ne saurait manquer de frapper tous les yeux. Pour le bien apprécier, il faut envisager séparément l'intérêt de l'empire persan & le séparer, pour ainsi dire, de l'intérêt de la dynastie des Kadjars.

Il est évident que les concessions faites par Feth-Ali-Chah sont onéreuses pour la Perse. La cession des khanats d'Érivân & de Nakhistchévân, la lourde contribution de guerre, l'abandon de la mer Caspienne, certes, ce sont là de fort dures conditions, et il est très-compréhensible que Feth-Ali-Chah ait longtemps hésité et tergiversé avant de signer un semblable traité.

Mais, d'autre part, quelle garantie de sécurité contre les guerres civiles que cette reconnaissance faite par la Russie de n'admettre pour héritier présomptif à la couronne de Perse que le fils aîné du chah! et combien elle affermit la tiare sur la tête de la dynastie des Kadjars !

On peut dire que c'est vraiment à dater du traité de Tourcmanshaï que la dynastie d'Agha-Mohammed est solidement assise sur le trône de Perse, et que, si depuis cette époque elle règne sans aucune contestation, elle le doit en partie à la prépondérance que ce traité a assurée à la Russie.

V

Si l'on veut se faire une idée exacte de l'influence que cette puissance acquit alors en Perse, il faut se reporter aux négociations qui précédèrent le traité de Tourcmanshaï & à ses conséquences immédiates.

Ce fut le prince Abbas-Mirza, fils aîné du chah, qui fut chargé de négocier le traité. Grâce à ses manières nobles & dignes, il sut bien vite gagner l'admiration des Russes & son éloge fut dans toutes les bouches. Les relations entre le prince & le général Paskewitch ne tardèrent pas à devenir plus suivies. Les fils puînés du chah se regardaient comme sacrifiés à l'intérêt d'Abbas-Mirza & de ses descendants. Ils engagèrent Feth-Ali-Chah à violer le traité & à se jeter dans les bras de la Turquie pour reconquérir ses provinces perdues. Abbas-Mirza, après avoir flotté quelque temps indécis, se jeta définitivement dans les bras de la Russie. Il envoya même un confident à Tiflis auprès du général Paskewitch pour lui demander ses

conseils dans la situation délicate où il se trouvait. La
mission diplomatique que Kosrer-Mirza, l'un des fils
d'Abbas, alla remplir à Saint-Pétersbourg ; les vivres
que Bogram-Mirza, autre fils du prince, fournit aux
Russes dans la province de Khoï ; les tribus curdes,
tributaires de la Perse, autorisées à prendre du service dans les armées russes, tous ces faits témoignent
de l'influence qu'exerça la Russie dans l'entourage du
prince Abbas-Mirza.

CHAPITRE V.

MOHAMMED-CHAH.

Compétitions. — Guerre civile. — Mohammed soutenu par la
Russie et l'Angleterre. — Guerre contre les Turcomans. —
Guerre contre Herat. — Rupture avec l'Angleterre. — Mission
de M. de Sercey en Perse. — Caractère de Mohammed. — La
première gazette officielle de la Perse.

I

Une scène odieuse se passa dans le palais d'Ispahân,
à la mort de Feth-Ali-Chah. Ce prince venait à peine
de rendre l'âme que trois de ses fils qui assistaient à ses
derniers moments se précipitèrent sur le cadavre & se
disputèrent les rubis, les émeraudes, les diamants qui
le couvraient. On ne put s'entendre. On tira la
dague, et deux de ces fils indignes succombèrent dans
la lutte.

Cette scène fut en quelque sorte le pronostic des
querelles sanglantes qui désolèrent les premières années du règne de Mohammed-Chah.

Feth-Ali-Chah laissait une nombreuse postérité.
Parmi ses fils, trois se révoltèrent ouvertement et pré-
tendirent à régner.

Mohammed-Chah, à qui revenait de droit la couronne, d'après le traité de Tourcmanshaï, réunit une armée de 40,000 hommes & se mit en marche sur Tehrân pour faire reconnaître son autorité. Les agents diplomatiques de l'Angleterre & de la Russie l'accompagnaient, et des officiers anglais, commandés par sir Henry Bethune, marchaient à son avant-garde.

La rapidité des mouvements de l'armée de Mohammed assura son succès. Il entra à Tehrân & triompha de tous ses rivaux. Le plus redoutable, Zilli-Sultan, renonça à ses prétentions & fit sa soumission sous promesse de vie sauve.

II

Le règne de Mohammed-Chah, qui n'est point sans gloire pour la Perse, ne présente point cependant les dehors brillants des deux précédents.

Si l'on en excepte le siége contre Herat, on n'aperçoit rien de saillant dans les treize années que dura ce règne. C'est un tableau qui, certes, renferme beaucoup d'idées & beaucoup de faits; mais le coloris n'y est point. On comprendra, d'ailleurs, qu'il ne pouvait en être autrement, lorsque nous aurons montré le caractère irrésolu & débonnaire de ce prince.

Vainqueur de tous ses rivaux, Mohammed tourne ses armes contre les tribus turcomanes. Il donne 12,000 cavaliers à son frère & lui-même se met à la tête de 30,000 hommes de troupes régulières. Ces deux corps agissent simultanément. L'armée persane s'avance graduellement en refoulant vers la mer Caspienne les tribus turcomanes qu'elle enveloppe dans le demi-cercle qu'elle décrit. Les tribus de Goo-khau, de Jarnoot, d'Usberg furent vaincues et se soumirent.

L'annonce de cette victoire produisit un grand effet dans tout l'empire. Cette heureuse expédition contre des tribus pillardes parut d'un bon augure pour le nouveau règne, et lorsque Mohammed rentra dans sa capitale, il y fut reçu en triomphateur.

La guerre contre Herat fut plus laborieuse, bien que Mohammed eût alors deux alliés, la Russie et le Kaboul. Mais la Russie, qui avait été l'instigatrice de cette guerre, borna son alliance à des conseils, quelques subsides & l'envoi dans les armées persanes de quelques officiers. Quant au Kaboul, son prince Dost-Mohammed était inquiété lui-même par l'hostilité de ses frères et par les incursions des Sikks. Ni l'un ni l'autre de ces alliés ne pouvait être d'un grand secours. Le souverain de Herat, Chah-Kamrah, avait de nombreuses troupes, et, brillamment secondé par les tribus Ouzbecks, il battit Mohammed en plus d'une rencontre.

L'Angleterre, voyant une menace directe pour son commerce au delà de l'Amou-Daria dans les prétentions cachées de la Russie sur Herat, intervint. L'ambassadeur Mac-Nill fit part au chah des représentations de son gouvernement. Mohammed feignit tout d'abord de n'en tenir aucun compte. Il ordonna même l'assaut. Mais Mac-Nill alors déclara se retirer du camp persan, et, au nom du cabinet de Saint-James, rompre avec le chah. Cette résolution exaspéra Mohammed. Mais son accès de fureur ne dura pas longtemps. Il accéda aux observations de Mac-Nill et, n'ayant aucun espoir de triompher, leva le siége d'Herat.

Cette nouvelle parvint le 29 novembre à Constantinople, où s'était retiré l'ambassadeur anglais, qui reprit de suite le chemin de Tauris.

Le cabinet de Saint-James continua néanmoins à battre froid à la cour de Tehrân, et, d'après une convention que se vit forcé d'accepter Mohammed, les Anglais occupèrent l'île de Karrack, dans le golfe Persique. Ce ne fut qu'en 1842 qu'ils évacuèrent définitivement cette île, et que les relations amicales qui existaient antérieurement entre les deux gouvernements reprirent leur cours naturel.

III

Les rapports que la Perse eut avec la France sous le règne de Mohammed-Chah sont à peu près insignifiants.

Ce fut seulement en 1839 que M. de Sercey fut nommé par Louis-Philippe envoyé extraordinaire et ministre plénipotentiaire à Tehrân. Ce diplomate partit accompagné d'une nombreuse suite, parmi laquelle nous remarquons le marquis de La Valette, les vicomtes Cyrus Gérard, Olivier d'Archiac, et les capitaines de Beaufort-d'Hautpoul et Paul Daru.

L'année suivante, M. de Sercey obtint de Mohammed-Chah le résultat que l'on attendait de sa mission,
à savoir un firman important en faveur de tous les
chrétiens de l'empire persan, à quelque opinion qu'ils
appartinssent.

Cette mission, et un traité négocié vers la fin de
l'année 1847 par MM. de Sartiges & Nicolas, et
dont nous racontons plus loin la curieuse histoire, ce
furent là les deux faits principaux qui marquèrent
notre influence dans la politique persane.

IV

Mohammed-Chah était d'un naturel doux & bienveillant. Mais sa faiblesse de caractère était grande,
comme il y parut bien dans ses démêlés avec la Russie
et l'Angleterre.

Ce défaut d'énergie & de décision tient beaucoup
à l'éducation première que reçut ce prince. Il
fut élevé en effet par un mollah, Hadji-Mirza-Hagassi, qui posséda toujours sur son esprit une désastreuse influence. Mirza-Hagassi fut nommé grand-
visir ou premier ministre. Mais de fait c'était lui qui
gouvernait le royaume.

Mohammed-Chah était un esprit assez cultivé —
pour son époque & pour la Perse. Il avait une légère
notion des langues européennes, et il savait ne point
fermer l'oreille aux innovations.

Ce fut sous son règne, en 1837, que parut pour la
première fois, à Therân, une *Gazette d'État*, feuille

mensuelle. Le premier numéro fut tiré le 1er mai.
C'était une lithographie grossièrement exécutée sur
une feuille in-folio de papier de Chine. Elle ne portait
point de titre général, seulement à la fin de la première page se voyaient les armes de la Perse.

C'est cette *Gazette* qui, sensiblement modifiée, est
devenue le *Vekâyâ*, le journal officiel de Therân.

Mohammed-Chah professait un goût particulier
pour l'histoire. Il aimait surtout lire ou entendre raconter les hauts faits des grands militaires.

Voici ce que M. Eugène Borée, qui fut envoyé en
mission en Perse vers 1839, écrivait de Therân au
ministre de l'instruction publique :

« Mohammed désire avoir une histoire de Napoléon, avec gravures, et représentant des batailles. Il
est plein d'admiration pour le grand empereur, dont
il lit & relit une biographie mesquine & incomplète
extraite de la fausse histoire de Walter-Scott. »

Ce prince, au caractère faible & indécis, avait cependant certains traits de commun avec le fondateur de
sa race, Agha-Mohammed. Comme lui, il dédaignait
le faste si cher aux Orientaux, et recherchait en tout la
simplicité. Il pratiquait, paraît-il, avec un zèle remarquable tous les préceptes du Koran.

Peu semblable à Feth-Ali-Chah, son prédécesseur,
Mohammed-Chah n'eut d'ordinaire que trois femmes.

Il mourut le 6 septembre 1848.

CHAPITRE VI.

NASSER - ED - DIN - CHAH.

Premières années du règne de Nasser-ed-din. — Ses guerres contre
les tribus asiatiques. — Guerre d'Herat. — Rupture avec l'Angleterre. — Traité de Tehrân. — Rapports avec la France. —
Le traité de 1855. — Détail curieux sur ce traité. — Cérémonial
de la cour persane pour la réception des ambassadeurs. — Réception de M. de Bonnières de Wierre, en 1867. — Goût de
Nasser-ed-din pour les voyages; son excursion de 1859 et les
réformes qui en furent la conséquence. — Inauguration de la
première ligne télégraphique en Perse. — Chemins de fer. —
Les ministères. — Les jeunes Persans en France. — La secte des
Babis. — Tentative d'assassinat de 1852. — Portrait de Nasser-
ed-din, son caractère, ses habitudes.

Le règne de Nasser-ed-din appartient à la politique.
L'histoire finit là.

Nous avons pensé néanmoins que cette rapide
esquisse des princes Kadjars ne semblerait point
complète si nous nous abstenions d'y faire figurer le
chah actuel.

D'ailleurs, le vif intérêt que le public français porte
à Nasser-ed-din nous engage à donner sur ce prince
tous les détails que nous avons été à même de re-
cueillir.

I

Nasser-ed-din est né en 1829. Il passa les premières années de sa jeunesse à Tauris, et fut pour ainsi dire élevé par son oncle maternel, Khane-Khanan. On a prétendu que son éducation fut fort négligée, et que même il n'apprit la langue persane que très-tard. Cette affirmation nous semble erronée, si l'on considère que Khane-Khanan était un persan de vieille roche, et qui, en vrai fils de l'Iran, tenait à honneur de ne jamais parler la langue turque. — « C'est grâce à cette circonstance que le chah a pu, dès son enfance, parler le persan le plus pur, sans cet accent turc ou tartare qui résonne si désagréablement aux oreilles du Schirazien. Entouré des soins intelligents de sa mère, femme d'un grand mérite, le jeune prince a suivi régulièrement les cours de persan et d'arabe, et a mis ses loisirs à profit pour étudier le dessin et la géographie. On dit même qu'il dessine fort bien (1). » Ajoutons que le genre qu'il cultive avec le plus de goût est la caricature.

Lorsque Mohammed-Chah mourut, le jeune Nasser-ed-din était gouverneur de l'Aderbidjân. Mais cette haute fonction n'était guère qu'un exil déguisé.

Ce fut le consul général de Russie à Tebriz, où vivait le jeune prince, Anitsckhoff, qui vint le premier lui annoncer son avénement au trône. — Ce fait, très-

(1) La *Liberté* du 16 juin.

simple en lui-même, frappa néanmoins vivement l'i-
magination de Nasser-ed-din, qui, fidèle aux traditions
de son père & de son aïeul, a toujours témoigné à la
Russie une véritable sympathie.

Il se rendit en toute hâte à Tehrân, accompagné de
Mirza-Tagne-Khan, dont l'expérience & les conseils
l'aidaient à administrer l'Aderbidjân. Il prit le gouvernement des mains du conseil de régence, que la
reine-mère & les princes du sang avaient constitué en
vue de maintenir l'ordre jusqu'à l'installation de
Nasser-ed-din. Une magnificence tout asiatique pré-
sida à son couronnement & les quelques soulèvements
qui tentèrent de se produire furent vite étouffés.

Les hautes capacités de son premier ministre,
Mirza-Tagne-Khan, servirent utilement les premières
années du règne de Nasser-ed-din & l'initièrent à l'art
de gouverner.

Ce ministre appliqua surtout ses soins à reconsti-
tuer l'armée, à l'organiser sur le pied européen & sur
le modèle français. Aussi, quand il mourut en 1851,
laissa-t-il à Nasser-ed-din, qui, en vrai Kadjar, aime
assez à guerroyer, une armée solide, capable de soute-
nir une longue guerre, et, ce qui est mieux, de la sou-
tenir brillamment.

II

Nasser-ed-din se plaît aux combats et la série de
ses exploits est déjà longue.

Imitant la sage politique que suivit Mohammed-

Chah dans les premières années de son règne, Nasser-ed-din a combattu les divers tribus asiatiques qui ravagent régulièrement les confins de son empire. Il a porté ses armes jusqu'à Merw, dans la Tartarie indépendante, au delà des frontières du Khoraçan. Il venait à peine de s'emparer de cette ville qu'une subite invasion du Khan de Khiva, qui vint mettre le siége devant Mechhed, força Nasser-ed-din a abandonner Merw. Le Khan de Khiva, vaincu, poursuivi jusque dans son camp & tué dans sa tente, paya cher cette folle équipée.

Nasser-ed-din a soutenu également des guerres contre le Khan de Salar, contre l'iman de Mascate, etc., et le plus souvent avec avantage.

En 1856, il déclara la guerre à Herat, à l'instigation de la Russie qui, habile politique, sait susciter entre les divers peuples orientaux des conflits dont elle espère profiter tôt ou tard.

Cette guerre d'Herat, ses causes & les événements qui s'y passèrent, sont encore imparfaitement connus. Un voile mystérieux semble couvrir toute cette affaire. On se souvient encore que lorsque les Persans se furent emparés d'Herat, la Russie, qui cependant était pour beaucoup dans cette guerre, fit démentir officiellement ce fait d'armes. La chose est curieuse & vaut la peine d'être notée.

La Russie étant d'un côté, il était certain que l'Angleterre, sa rivale en orient, se mettrait de l'autre. Ce qui eut lieu. Le cabinet de Saint-James réclama énergiquement l'évacuation de la ville & du territoire d'Herat. Nasser-ed-din refusa. L'ambassadeur anglais quitta Tehrân & la guerre fut déclarée.

La flotte anglaise entra dans le golfe Persique et débarqua un corps de troupes indiennes à Bender-Bouchir, qui fut pris. La cour de Tehrân entra alors en négociations. Elles commencèrent d'abord à Constantinople pour se continuer ensuite à Paris. Nous n'étonnerons personne, encore moins ceux qui connaissent le caractère des Orientaux, en disant que les négociateurs persans eurent le talent de faire traîner les choses en longueur. L'Angleterre s'impatienta & sa flotte remontant le Shatt-el-Arab bombarda Muhemmereh avec une cruauté dont les canons Krupps nous ont seuls, depuis, donné un exemple à Paris.

Enfin un traité fut signé à Tehrân le 14 avril et ratifié à Bagdad le 17 du même mois (1857).

Aux termes de ce traité, dans le délai de trois mois, les forces de la reine doivent évacuer le territoire persan, de leur côté les troupes & autorités persanes doivent se retirer du territoire & de la ville de Herat et de toutes les autres parties de l'Afghanistan. Nasser-ed-din renonce à toute prétention à la souveraineté sur le territoire d'Herat & de l'Afghanistan et s'engage à ne demander aux chefs aucun tribut. Il s'abstiendra désormais de toute intervention dans les affaires intérieures de l'Afghanistan, et, en cas de différend avec ce pays, il en référera au gouvernement anglais. L'article 13 de ce traité stipule que les parties contractantes renouvelleront la convention d'août

1851, relative à la suppression de la traite des noirs dans le golfe Persique.

III

En 1855 la France reprend une certaine influence à la cour de Tehrân. La réception solennelle que l'on fit à notre envoyé extraordinaire, M. Bourée, fut suivie de l'échange de ratifications d'un traité de commerce & d'amitié qui eut lieu à Tehrân le 12 juillet.

Voici, à simple titre de curiosité, le préambule de ce traité. On y retrouve toute la pompe du génie oriental & en même temps une certaine érudition qui ne laisse pas que d'étonner :

« Au nom du Dieu clément et miséricordieux....

« Entre :

« Sa Haute Majesté l'Empereur Napoléon, dont l'élévation est pareille à celle de la planète Saturne, à qui le Soleil sert d'Etendard, l'Astre lumineux du firmament des têtes couronnées, le Soleil du Ciel de la Royauté, l'ornement du Diadème, la splendeur des Etendards, insignes impériaux, le Monarque illustre et libéral;

« Et Sa Haute Majesté Nasser-ed-din, élevée comme la planète de Saturne, le Souverain à qui le Soleil sert d'Etendard, dont la splendeur et la magnificence sont pareilles à celle des Cieux, le Souverain sublime, le Monarque dont les armées sont nombreuses comme les Etoiles, dont la grandeur rappelle celle de Djemschid, dont la munificence égale celle de Darius, l'héritier de la couronne et du trône des Keyaniens, l'Empereur sublime et absolu de toute la Perse... »

La dynastie des Kadjars, en effet, a tenu à se rattacher aux plus anciens souverains de la Perse. Nadir-Chah ne voulait dater que de lui, et sa dynastie l'imita. Mais Agha-Mohammed, en vue d'affermir sa dynastie, prit, à l'exemple des Sophis, le titre de descendant de Djemschid & de Darius. Ce ne sont donc point seulement là de vaines images littéraires, comme on pourrait le croire. C'est une tradition historique qui se continue.

Ce traité stipule une paix & une amitié perpétuelles entre la France & la Perse. Les marchands & les commerçants dans les deux pays doivent être traités sur le pied de la nation la plus favorisée; des consuls français résideront désormais à Tehrân, à Bender-Boucher *(Abou-Chehr)* & à Tauris; les consuls persans résideront à Paris, à Marseille & à l'île de la Réunion.

L'histoire de ce traité est assez curieuse & peu connue, croyons-nous.

Il fut négocié et rédigé en 1847, sous le règne de Mohammed-Chah, par MM. de Sartiges & Nicolas, nos représentants à Tehrân. Le traité fut envoyé à Paris pour y être ratifié. Il resta assez longtemps à l'ambassade française de Constantinople, et, quand il parvint à Paris, la révolution du 24 février était un fait accompli. Le gouvernement provisoire n'avait point le loisir de s'occuper de ce traité. On le laissa au ministère des affaires étrangères, et on l'y laissa si bien qu'on l'y oublia. Lorsque, en 1855, on reprit des relations suivies avec l'empire persan, on retrouva ce traité. M. Bourée le prit & le porta à Tehrân. On y mit de nouvelles signatures, mais le texte resta absolument le même.

Quant au cérémonial dont s'entoure Nasser-ed-din pour recevoir nos ambassadeurs, nous ne croyons pouvoir mieux faire pour en donner une idée que de citer l'extrait suivant d'une relation de la réception faite, en 1867, à M. de Bonnières de Wierre, ministre de France à Tehrân.

« A quelques pas d'une galerie ouverte, où l'on apercevait le roi sur son trône, le maître des cérémonies, saluant profondément le souverain, prononça quelques paroles qui indiquaient l'objet de l'entrevue, et termina son petit discours par ces paroles où se retrouve la pompeuse phraséologie de l'Orient : « Le » ministre de l'Empereur se glorifie d'être admis au » banquet de la présence resplendissante de Votre » Majesté Impériale, à qui nos âmes sont offertes en » holocauste. » Le roi fit alors un signe approbatif de la main, et le maître des cérémonies fit entrer le cortége dans la salle du trône.

» Cette salle immense est entièrement ornée de glaces & de tapisseries des Gobelins. Sur l'un des côtés de la galerie se tenaient les grands dignitaires de la cour & les princes du sang, revêtus d'anciens costumes persans, de robes de cachemire, de ceintures brodées de perles, de diamants & d'émeraudes, et

qui étaient coiffés de très-larges turbans. Les cinq
princes du sang portaient en outre les attributs de la
royauté, sur lesquels resplendissaient les plus beaux
joyaux du trésor de la Perse. Au fond de la galerie
se tenait le roi. S. M. Nasser-ed-din était assise sur
un tapis magnifique & sur des coussins, dont une
multitude de pierreries rehaussait la splendeur. Ce
merveilleux lit de repos se trouvait placé sur un trône
immense tout constellé de diamants, et, ce qui paraît
plus remarquable encore dans ces contrées, des émaux
les plus fins. »

IV

Ce n'est point la première fois que Nasser-ed-din
s'éloigne pendant de longues semaines de sa capitale.

Vers la fin de l'année 1859, il entreprit une excursion à travers les diverses provinces de son empire. Il
voulait voir par lui-même & constater l'état de ses
nombreux gouvernements, réformer & améliorer s'il
y avait lieu.

Dans ce voyage, on le vit se départir un peu de
l'étiquette orientale. Il permit à des personnes de
divers rangs de l'approcher, et, avec la bonhomie qui
fait le fond de son caractère, sut tirer d'elles d'utiles
enseignements.

Lorsque, après deux mois d'absence, il revint à
Tehran, la population lui fit une ovation splendide. Il

donna l'ordre que le peuple ne fût point tenu à distance, — ce qui charma tous ses sujets. Il paraît même qu'à un certain moment, un groupe de femmes se précipita sur son passage, demandant à grands cris qu'on leur permît de voir leur chahinchah (roi des rois). Nasser-ed-din se prêta de bonne grâce à ce désir féminin, et, avec une galanterie toute persane, arrêta quelques minutes son cheval, pour permettre à ses fidèles sujettes de contempler leur souverain.

Les résultats de ce voyage ne se firent point attendre, et, au mois d'avril de l'année suivante (1860), Nasser-ed-din fit paraître une série d'ordonnances tendant à alléger les charges de ses sujets & à mettre un frein à la rapacité des gouverneurs.

Il commença par donner l'exemple lui-même & se priva des droits auxquels ses prédécesseurs attachaient une haute importance. Ainsi, il interdit aux gouverneurs de lui offrir à l'avenir, lorsqu'il traverserait leurs provinces, des présents en argent. Les gouverneurs, en effet, avaient coutume d'offrir des cadeaux, mais les faisaient payer par leurs tributaires, — ce qui leur permettait de faire les magnifiques à bon compte.

Une autre ordonnance porte : que dorénavant les impôts seront recueillis par des receveurs spéciaux. Les gouverneurs recevront un traitement fixe & n'auront plus rien à réclamer aux habitants des provinces.

Le plus important de tous ces édits est celui qui règle la nomination des gouverneurs de provinces, et veut qu'elle ne soit plus, à l'avenir, le prix de la faveur. Jusqu'alors, en effet, les candidats à ces

hautes fonctions avaient coutume de gagner l'entourage du prince par de fortes sommes d'argent. Et,
comme la richesse n'est point preuve de mérite & de
capacité, on peut se faire une idée des singuliers choix
qui avaient lieu.

Nasser-ed-din eut bientôt occasion de faire exécuter
cette ordonnance. Il annula la nomination au poste
de gouverneur du Guilân, d'un frère de la reine. Ce
seigneur ne devait son élévation qu'à l'intelligent
placement d'une sommé respectable de *tomans*.
Le Chah nomma à sa place Ahmed-Khan-Niyâgi,
qui jouissait d'une excellente réputation dans toute la
Perse.

On voit que Nasser-ed-din sait mettre à profit ses
voyages. Ce qui nous confirme dans cette idée, que
s'il entreprend, en 1873, une longue excursion à
travers l'Europe, ce n'est point pour satisfaire seulement un simple caprice, une curiosité vulgaire.

V

Nasser-ed-din a eu l'honneur d'introduire le télé-
graphe en Perse.

Ce fut en 1861 que la première ligne télégraphique
fut établie. Cette ligne, d'une longueur d'environ
quatre cents milles anglais, suit le grand chemin des
Caravanes, qui part de Therân & aboutit à Tebriz.

Voici dans quels termes le *Vekâyâ*, journal officiel
de Tehran, rendit compte de l'inauguration :

« Le jeune souverain de la Perse a assisté en personne à l'inauguration de ces lignes, le 21 janvier. Dès le matin on le vit aux bureaux télégraphiques qui se trouvent sur l'esplanade du palais impérial. Tous les dignitaires de la cour, en grande tenue, et des milliers de spectateurs arrivés de province assistaient aux opérations. Les questions se faisaient de manière à pouvoir être entendues par tout le monde, et chaque réponse, aussitôt arrivée & proclamée à haute voix, était saluée par les cris joyeux de la foule & par des salves d'artillerie. »

Nasser-ed-din témoigna sa satisfaction en faisant don à son oncle Ettizad-ou-Seltenet, provisoirement chargé des travaux relatifs à la télégraphie, d'une pelisse d'honneur & d'une dague ornée de diamants et de pierreries. Son adjoint, Ali-Kouli-Vékan, directeur des télégraphes, reçut l'ordre du Lion couchant, grand cordon, avec un châle des Indes et une augmentation de traitement.

VI

Cette joie, un peu enfantine sans doute, mais tout à fait orientale, que témoignait Nasser-ed-din en voyant l'électricité transmettre ses ordres à travers ses États, n'est point la seule preuve qu'ait donné ce prince de son amour pour les innovations, et de son désir d'imiter l'Europe en ce qu'elle possède de bien.

Nasser-ed-din a introduit en Perse les voies ferrées, et le premier chemin de fer qui fut construit parcourut une étendue de dix kilomètres, de Tehrân à Schaz-Abdul-Azim, lieu de pèlerinage très-fréquenté.

Des travaux d'édilité ont embelli Tehrân & ont rendu cette ville habitable à toutes les époques de l'année, ce qui n'avait point lieu auparavant. Les rues sont pavées aujourd'hui à l'européenne, en grandes pierres carrées.

En 1862, les neuf ministères, qui existaient déjà sous des dénominations analogues à celles qu'ils portent en Europe, furent concentrés en trois sections : le ministère de la guerre, *Véʒarête-Djanq* ; le ministère des affaires étrangères, *Véʒarête-Oumour* ; le ministère des finances, *Véʒarête-Maliyat*.

Tous les autres ministères ressortirent de ces trois-là.

Nasser-ed-din n'agit ainsi d'ailleurs qu'en raison de la confiance qu'il avait dans ses ministres de la guerre et des finances.

La présidence du conseil, comme on dit en France, fut donnée au *Sepah-Salar*, ministre de la guerre. Mirza-Mohammed-Khan, en effet, par ses victoires sur les Turcomans, méritait cette confiance et il s'en montra toujours digne.

Le ministre des affaires étrangères, Mirza-Saïd-Khan, était aussi un homme non moins remarquable, mais avec d'autres aptitudes. Son instruction était grande. Il était très-versé dans la connaissance de la langue française, ce qui ne l'empêchait pas d'être, en langue arabe, un écrivain des plus distingués. Lui aussi professait pour l'Europe un grand amour. C'est même lui qui fit construire à Paris tout l'outillage nécessaire à la fabrication des monnaies à l'européenne, outillage dont le grand trésorier fit les frais à son compte personnel.

Ce n'est point tout. Pour introduire dans ses États d'une façon plus directe les coutumes & les progrès scientifiques & littéraires de l'Europe, Nasser-ed-din envoya à Paris un certain nombre de jeunes Persans appartenant aux premières familles de Tehrân.

C'est ainsi qu'en 1859, le nouvel ambassadeur Persan, Hassan-Ali-Khan, vint à Paris, emmenant avec lui quarante-deux jeunes gens qui, selon leurs aptitudes, furent mis à même d'étudier l'état de nos sciences, de nos lettres & de nos arts. Depuis, ces jeunes Persans sont retournés dans leur pays, la plupart munis de diplômes de nos universités & de nos écoles spéciales.

VII

Nasser-ed-din a échappé à plusieurs tentatives d'assassinat.

En 1850, une conspiration fut découverte à Tabriz. On en voulait tout à la fois à la vie du prince & à sa couronne. Cinq des conspirateurs furent arrêtés, jugés et exécutés. Leurs corps furent suspendus aux portes de la ville. Chaque supplicié « *portait sa tête sous son bras gauche.* »

En 1852, l'attentat dont le prince faillit être victime se rattachait à une immense conspiration qui ne tendait à rien moins qu'à opérer en Perse une révolution sociale & religieuse. Nous voulons parler de la secte des Babis. Le fondateur de cette secte, Ali-Mahomed, tombé autrefois entre les mains des autorités, fut fusillé. Ce malheureux s'était donné le surnom de *Bab (porte)*, voulant laisser entendre par là que les clefs du paradis étaient entre ses mains.

Après sa mort, ses disciples se réunirent sous les ordres d'un autre chef, le cheik Ali, de Turchez, qui se faisait passer pour le *nab (vicaire)* de Bab, et qui s'était imposé l'obligation de vivre dans la plus complète solitude. Il s'était surnommé lui-même *Hezzet-Azim (l'homme par excellence)*.

Ce fut lui qui arma la main de douze fanatiques, ses sectateurs, et leur ordonna, au nom de Bab, de tuer Nasser-ed-din lorsqu'il sortirait à cheval de sa résidence d'été, près de Chimzan, au pied du mont Albouz. Mais l'histoire prouve que les pistolets des régicides vont rarement au but. Les coups ratèrent ou ne partirent pas. La présence d'esprit du prince, d'ailleurs, et le dévouement de sa suite, firent échouer les desseins de Hezzet-Azim. On s'empara immédiatement d'une vingtaine d'assassins & les recherches se poursuivirent activement. Le divan royal se tint en public. Les accusés étaient amenés, jugés & exécutés.

Le premier ministre, Myrza-Agha-Khan, interrogea lui-même Hezzet-Azim, qui avoua tout & fut condamné.

Tous les représentants des puissances etrangères à Tehrân adressèrent au chah les marques de la plus vive sympathie. Le ministre de Russie, Dolgorouki, apprenant qu'un sectateur de Babi s'était réfugié à Zerguendi, résidence d'été de la légation russe, ordonna qu'il fût immédiatement livré à la justice persane.

La secte des Babis eut désormais ses martyrs. Le sang dans lequel on crut l'étouffer lui donna une nouvelle vie. Et aujourd'hui, bien que ses tendances ne se soient pas encore converties en actes, cette secte n'en constitue pas moins un sérieux danger pour la tranquillité de l'empire persan & pour l'avenir de la dynastie des Kadjars.

VIII

Nasser-ed-din est à peine âgé de quarante-trois ans.

Il est d'une stature moyenne. La physionomie est avenante, bien que les traits soient fortement accusés et que l'ensemble présente un caractère étrange et sauvage. Les yeux sont noirs, grands et surmontés d'épais sourcils. De longues moustaches ajoutent encore à l'originalité de la figure.

Le caractère du prince est doux & bienveillant, encore qu'il respire l'absolutisme du monarque oriental.

Nasser-ed-din ne dédaigne point de s'occuper des choses intimes de son entourage. Il prend plaisir à se faire raconter les petites histoires qui circulent à sa cour, et plus d'une fois on le vit y participer, soit pour faire cesser une peine ou augmenter une joie.

Il est curieux de connaître l'opinion que l'on a de lui en Europe, et il se fait traduire presque tous les articles des journaux qui sont consacrés aux choses de la Perse.

Car s'il a une certaine connaissance de la langue française, elle n'est que bien superficielle, et ce qu'il comprend encore le mieux c'est sa langue natale.

Pour ce qui est de la question religieuse, Nasser-eddin a fait preuve plus d'une fois d'une tolérance que nous nous estimerions heureux de voir mettre en pratique par certains gouvernements de l'Europe.

S'il en faut une preuve, rappelons qu'en 1865 Nasser-ed-din éleva à la dignité de Khan & décora du grand cordon de l'ordre impérial du Lion & du Soleil, un chrétien arménien, persan d'origine, M. J. d'Isay Savalan.

Cette marque de tolérance religieuse produisit un grand effet dans toute la Perse.

Quant à la vie privée de Nasser-ed-din, elle est fort difficile à connaître. Ses ministres eux-mêmes n'en ont qu'une vague idée. Comme la divinité dont il se croit le représentant, le chah aime à s'entourer de mystères.

Voici cependant quelques lignes qui nous semblent présenter tous les caractères de l'authenticité, d'autant plus que, si nous sommes bien informés, elles ont été, sinon écrites, au moins inspirées par une personne qui, haut placée à la légation de Tehrân, a été,

durant un long séjour. en Perse, à méme d'approcher
maintes fois de la personne de Nasser-ed-din.

« Les habitudes de Nasser-ed-din sont des plus
simples, comme celles de tous les Persans. Il est d'une
frugalité rappelant celle des Perses à l'époque du
grand Cyrus. Quelques plats de riz différemment pré-
parés, deux ou trois ragouts, du kébab (rôti à la bro-
chette), pour boisson de l'eau sucrée, de la limonade
ou du lait aigre mêlé avec de l'eau & un peu de sel;
tel est son menu quotidien.

» Quant à l'ameublement de son palais, rien n'est
moins compliqué, mais partout règne une propreté
exquise, des tapis admirables couvrent tous les par-
quets. Ces tapis sont eux-mêmes recouverts de châles
de cachemire d'une beauté merveilleuse, les plafonds
sont ornés de lustres & les murs sont couverts de
glaces qui descendent jusqu'aux parquet. En général,
les meubles européens ne sont pas de mise en Perse.
Les Persans de distinction ont bien, pour faire asseoir les Européens qu'ils reçoivent, des chaises & des
fauteuils confectionnés dans le pays, et souvent dangereux par leur peu de solidité, des tables, des gué-
ridons pour poser des plateaux de sucreries, le thé et
le café; mais, quant à eux, ils préfèrent s'asseoir sur
leurs magnifiques & moëlleux tapis, d'où ils ne courent
pas le risque de tomber. Pour le bois de lit, c'est un
meuble dont les Persans n'aiment pas à se servir; ils
ne comprennent pas que, pour dormir, on se perche
comme des oiseaux, Ils ont de très-bons matelas, des
traversins, des coussins d'une grandeur démesurée et

recouverts de cachemire bordé de franges d'or ou de
soie, quelquefois de perles fines, des couvertures également en cachemire ou en étoffe de soie du pays.
Pendant le jour, les matelas sont soigneusement en-
veloppés dans de grands draps de soie ou de cachemire, on met par dessus les coussins à découvert; le
tout est appuyé contre le mur et forme, avec les
glâces, les cristaux & les porcelaines placés sur des
étagères pratiquées dans les murs, le plus bel ornement d'une chambre persane. »

Nasser-ed-din a trois fils : l'aîné, Muzaffar-ed-din,
est né en 1850; il est prince héritier & gouverneur
de l'importante province de l'Aderbidjân; les deux
autres sont nés en 1854. L'un, Dzidal-el-Daulé, est
gouverneur d'Ispahan; l'autre, Yemin-ed-Daulé, est
gouverneur général de Schiraz.

Nasser-ed-din a un harem. Il n'y a pas de prince
oriental sans harem. Quant au nombre exact de
femmes qu'il renferme, nous l'ignorons. Mais nous
ne doutons pas que Nasser-ed-din ne sache tenir un
juste milieu entre son aïeul Feth-Ali, qui en avait cinq
cents, et son père Mohammed, auquel trois suffisaient.

CHAPITRE VII.

ÉTAT ACTUEL DE LA PERSE.

Population.

Ce vaste empire, qui s'étend sur une superficie d'environ 1,650,000 kilomètres carrés, ne compte qu'une population de cinq millions d'âmes, ainsi répartie : un million dans les villes, un million sept cent mille dans les campagnes et les bourgades, et un million sept cent mille de nomades, Turcs, Curdes, Arabes.

Commerce.

Le commerce comprend, comme principaux articles d'importation, les étoffes de coton d'Angleterre et certains articles du commerce parisien; comme exportation, la soie, l'opium, le coton, les châles & les tapis, etc.

L'importation totale est d'environ 64,000,000 de francs et l'exportation de 37,500,000 fr.

Finances.

Les impôts produisent environ 4,912,500 *to-*

mans (1), dont un quart environ payés en nature, soit orge, blé, riz, paille, pois, soie, etc.

Les dépenses de l'administration générale s'élèvent à environ 4,250,000 tomans.

Le trésor royal renferme environ 3,750,000 tomans en ducats, impériales & tomans; 1,250,000 tomans en vaisselle d'or ; 4,500,000 tomans en bijoux, pierres précieuses, etc.

Sur le budget général, le Chah prélève 500,000 tomans pour ses dépenses privées, et annuellement 500,000 tomans sont versés comme excédant au trésor. Si l'on ajoute 500,000 tomans consacrés aux dépenses extraordinaires du prince, on voit que celui-ci dispose d'un revenu annuel de 1,500,000 tomans à peu près.

Armée.

L'armée, organisée sur le pied français, comprend environ 151,300 hommes, dont : 85,500 hommes de troupes régulières actives, 45,000 de troupes de réserve (cavalerie irrégulière), et 20,800 des milices actives des provinces d'Asterabâd, du Mazenderân et du Guilân.

Il y a 10 régiments d'artillerie & 100 canons.

Le budget de l'armée est de 1,750,000 tomans par an.

Les régiments correspondent aux diverses tribus ou localités ou ils sont recrutés.

---

(1) Le *toman* vaut environ 12 francs de notre monnaie.

Gouvernement.

Le gouvernement est despotique absolu. La volonté du prince forme loi.

Les provinces sont administrées par des gouverneurs. Chaque ville est régie par un Kétkouda, élu par le peuple. C'est le maire. Il n'a aucun traitement fixe. Mais il a le droit, et il en use, de prélever une légère rétribution sur chaque maison de la ville, et de faire cultiver par ses administrés une certaine étendue de terrain exempte de taxe.

Les diverses services de l'administration sont confiés à des ministres ou à des directeurs généraux. Pour mieux faire comprendre la division de ces services, nous donnons ci-après la composition du ministère actuel, qui d'ailleurs date de 1866 :

Le prince Naïbos-Seltenet, — guerre.

Firouz-Mirza, — administration de l'armée.

Djéhanguir-Khan, — directeur des arsenaux.

Mirza-Youssof, — ministre des finances, grand-maître de la garde-robe, directeur du timbre et des écuries royales.

Doust-Ali-Khan, — contrôleur général des finances, directeur de la monnaie.

Prince Ali-Kouli-Mirza, — ministre du commerce et de l'instruction publique, directeur des mines, des manufactures, de l'imprimerie et des télégraphes.

Mirza-Saïd-Khan, — ministre des affaires étrangères, directeur des chemins de fer, directeur des cultes autres que l'islamisme.

Mehemmed-Khan, — ministre de la maison royale, introducteur des ambassadeurs, surintendant du harem, travaux publics et poste.

Ferrokh-Khan,—grand référendaire, directeur général des douanes.

Gholam-Hossein-Khan, — ministre de la justice.

Abdollah-Khan, — ministre des pensions et des fondations pieuses.

Pacha-Khan, — garde des sceaux et conseiller intime.

Mirza-Hashem-Khan, — surintendant du service du palais.

Mohammed-Nassir-Khan, — grand maître des cérémonies.

TABLE DES MATIÈRES

—

CHAPITRE IV.

FETH-ALI-CHÁH.

CHAPITRE V.

MOHAMMED-CHAH.

CHAPITRE VI.

NASSER-ED-DIN-CHAH.

CHAPITRE VII.